Le influenze del codice napoleonico e del BGB tedesco sul codice civile italiano

Sistemi Giuridici Comparati

Rocco Mela

Imprint

Titolo: LE INFLUENZE DEL CODICE NAPOLEONICO E DEL BGB TEDESCO SUL CODICE CIVILE ITALIANO: Sistemi Giuridici Comparati

Scritto da Rocco Mela

ad Antonello

Sommario

1. Il Modello Francese

Il modello francese ha trovato la sua compiuta espressione nel tempo della rivoluzione e dell'impero napoleonico. Merita il nome di "modello", essendo stato recepito come tale in numerosi paesi fuori dalla Francia.

I principali elementi costitutivi sono: il primato della legge come fonte del diritto; il ricorso al codice come forma principe di legislazione; l'organizzazione piramidale delle corti con al vertice la Cassazione; la separazione tra giurisdizione ordinaria ed amministrativa.

Sappiamo tutti che il mondo giuridico è un mondo comprensibile solo per gli addetti ai lavori.

Oggi però le difficoltà di comprensione del mondo giuridico non sono paragonabili allo stato di caos in cui si era giunti prima della rivoluzione francese:

L'ordinamento giuridico privatistico era diventato talmente complicato e complesso che gli stessi giuristi cominciavano ad annaspare.

Ne abbiamo prova da un famoso passo di un giurista del XVII secolo, Domat, che ci racconta il caso di un provenzale che va a Parigi e si sposa con una Parigina:

"Nel XVII secolo i provenzali erano ancora soggetti alla legge romana, il Corpus Iuris di Giustiniano, cioè ad un testo giuridico scritto in latino più di mille anni prima; il matrimonio è regolato da un altro ordinamento, l'ordinamento canonico, cioè il diritto della chiesa; le convenzioni matrimoniali, cioè la dote e gli altri rapporti che precedono il negozio del matrimonio, erano regolate dal diritto consuetudinario francese (visto che il matrimonio avveniva a Parigi) che era un diritto di origine barbara profondamente diverso dal diritto romano applicato in Provenza.

Il diritto romano stabiliva il principio della separazione dei beni, cioè i coniugi rimanevano ognuno titolare dei propri beni e non c'era alcuna mescolanza; mentre il diritto di origine germanica stabiliva il principio opposto della comunione dei beni; quindi il poveretto ad un certo punto non capisce più niente, non sa più quale diritto vada applicato".

Questa situazione di cui ci parla Domat era molto generalizzata, al punto che in Europa si inventò il principio che ogni volta, piuttosto che esaminare nuovamente tutto il diritto dei mille anni precedenti, ci si affidava alle decisioni prese dai giudici per casi simili; per cui per risolvere una questione bastava riferirsi alla sentenza di un giudice sulla stessa materia[1]: nasceva la obbligatorietà del precedente giudiziario. Ma a questo punto scoppia la Rivoluzione Francese, e con essa scoppia la voglia e la necessità di tagliare i ponti col passato, di far cessare di fatto l'Ancien Régime. Infatti sin dalla prima fase della rivoluzione fu progettata l'emanazione di un codice civile.

---

1 Pressappoco il sistema attualmente vigente in Inghilterra, e che vigerebbe anche da noi se non ci fosse stata la Rivoluzione Francese.

L'impresa si manifestò più ardua di quanto gli illuministi alla Voltaire avessero immaginato. Fare un codice non fu sempre arduo. Il primo progetto partorito fu presentato solo nel 1793 ad opera personale di Cambacérès, Presidente della commissione incaricata di redigere un codice civile, ma fu povera cosa, dato che riassumeva tutto il diritto civile francese in soli 719 articoli. Toccò a Napoleone Bonaparte, divenuto primo console, riprendere, nell'agosto del 1800, la questione incaricando della redazione del codice civile una commissione composta da soli quattro giuristi – Tronchet, Maleville, Bigot-Préameneu, Portalis – stabilendo altresì una procedura rigida per il suo esame da parte del Consiglio di Stato ed il Tribunato e poi avanti il Corpo Legislativo. Nel giro di tre anni il progetto venne discusso ed approvato il 21 marzo 1804. Portalis, la voce più influente della commissione giudicatrice nel suo discorso preliminare affermò che per essere chiaro il codice doveva essere conciso. La sua funzione era quella di fissare i principi fondamentali del diritto che sarebbero stati fecondi di conseguenze, senza addentrarsi nei dettagli delle controversie che sarebbero potute insorgere su ogni questione. Piuttosto, stava al giudice e al giurista, in quanto impregnati dello spirito delle leggi, guidare la loro applicazione nei casi particolari. Napoleone stesso nonostante i suoi doveri come capo dello stato, prese parte a più metà delle riunioni della commissione, e la sua influenza si fece sentire soprattutto nel linguaggio del codice. Autonominatosi rappresentante dell'uomo della strada, respinse ogni formulazione proposta che egli stesso non riusciva a capire.

La promulgazione di un codice fu uno degli scopi proclamati dalla Rivoluzione Francese. Non si auspicava solamente l'abolizione della struttura giuridica dell'ancien régime, poiché i rivoluzionari volevano cancellare, estinguere proprio tutto l'ordinamento giuridico che vigeva da un millennio. Al suo posto si voleva un complesso di norme semplici e del tutto nuove che esprimesse le aspirazioni rivoluzionarie alla libertà, uguaglianza e fraternità (i principi dell'Illuminismo). Nasce l'idea di sintetizzare l'ordinamento giuridico in poche battute, con parole chiare e semplici, in modo che chiunque potesse leggere un testo e capire gli effetti del proprio agire senza bisogno di ricorrere allo studio di millenni di diritto. L'imposizione di un tale codice avrebbe posto tutti i francesi sotto la stessa legge, poiché durante l'ancien régime c'erano diritti diversi per classi di persone diverse e varianti regionali del diritto. Per di più, lo stesso individuo poteva essere soggetto a sistemi giuridici diversi a seconda della sua sfera d'attività: il diritto canonico per il matrimonio e gli atti di disposizione testamentaria, il diritto romano per i contratti, e il diritto consuetudinario per tutto il resto.

Si diffidava dei giudici dei Parlements perché favorivano gli interessi dell'aristocrazia, e si richiedeva un codice per eliminare la loro discrezionalità.

Intento della rivoluzione era di cambiare tutti i rapporti tra gli individui che vigevano nell' Ancien Régime. Prima della rivoluzione la classe dominante era la nobiltà e la serie di rapporti giuridici basati sul concetto di nobiltà, ossia il feudalesimo e il maggiorasco[2], avevano ormai una natura violenta; c'era la necessità di riscrivere totalmente queste relazioni e non è un caso che dal punto di vista privatistico i primi atti della rivoluzione francese furono l'abolizione del feudalesimo e del principio del maggiorasco: Il concetto del feudalesimo risiede nella circostanza che la proprietà dei beni di maggior pregio dal punto di vista economico apparteneva al sovrano, il quale investiva della possibilità di godere di questi beni i nobili, i quali godevano di questi beni ma non ne avevano la piena disponibilità perché non potevano trasferire il feudo con atti "inter vivos", e alla loro morte potevano trasferire il godimento del feudo solo al primo figlio maschio. Ciò determinava gravi inconvenienti nei confronti delle altri classi sociali che si affacciavano sulla scena dell'ordinamento giuridico, in quanto il nobile non poteva essere chiamato a rispondere per i propri debiti contratti, cioè, i creditori dei nobili non potevano aggredire i loro beni nel caso fossero stati

---

2 Maggiorasco: istituzione per la quale il patrimonio di una casata, perché rimanesse integro, veniva trasmesso dall'ultimo possessore a chi gli era più vicino come grado di parentela.

inadempienti. La ricchezza rimaneva concentrata nelle mani di pochi in quanto soltanto pochi soggetti potevano essere investiti della titolarità dei beni più importanti dal punto di vista economico. Dopo la rivoluzione francese per cancellare il feudalesimo e il connesso principio del maggiorasco, i giuristi non fecero altro che ritornare ai principi romani del diritto di proprietà e del diritto di tutti i figli del defunto di subentrare nei beni del proprio genitore. La trasformazione dei beni in diritto di proprietà significa per prima cosa che i creditori dei nobili possono aggredire i loro beni. A questo punto il legislatore rivoluzionario si pose il problema di disciplinare, su basi nuove, la serie dei rapporti privatistici.

Realizzare quanto detto prima all'inizio risultò un'opera molto difficile perché non si poteva cancellare con un colpo di spugna tutto il passato, perché l'ordinamento giuridico per definizione è originario, quindi qualunque legislatore può modificare l'ordinamento giuridico, però presuppone l'ordinamento giuridico stesso[3]. I nuovi giuristi del nascente Stato moderno risolsero questo dilemma fondendo tutti i diritti allora vigenti (Diritto Romano, Canonico, Droit Coutumier, ossia il diritto consuetudinario francese) in un unico diritto, il diritto dello Stato. Ma per creare un nuovo diritto non era sufficiente dare dei comandi, era necessario stabilire dei concetti (il diritto non è solo un comando, ma anche il concetto per "capire" quel comando, cioè attribuirgli la bilateralità) che sono in continua trasformazione, quindi impossibile da cristallizzare in un testo scritto.

Gli illuministi riuscirono in un'impresa mai compiuta prima di allora, riuscirono a scrivere il diritto: crearono il Code Civil.

Il Code Civil è un paradosso, perché nessuno mai aveva detto con legge cos'è il diritto di proprietà; per la prima volta troviamo nell'opera del legislatore una definizione, ossia un concetto. Finora nessun legislatore aveva elaborato un concetto. Come è stato

3 Ne è un esempio la nostra Costituzione del 1948, ma che è inserita in un ordinamento giuridico preesistente, più antico, basta citare il Codice Civile che è del 1942.

possibile una cosa simile[4]? Ciò fu possibile perché c'erano stati due grandissimi giuristi, Domat (nel 1660) che aveva razionalizzato i concetti del diritto Romano che era stato vigente nella Francia meridionale, e Pothier (1760) che aveva razionalizzato i concetti del diritto Consuetudinario della Francia settentrionale.

La commissione incaricata da Napoleone per redigere il codice non dovette fare altro che sintetizzare insieme le opere dei due giuristi, tradurle in un linguaggio semplice e razionale e promulgarle per legge.

Quando il code Civil del 1804 fu pronto, fu promulgato come una legge, ma non era la legge, era il diritto! Una legge è un comando per cui un determinato rapporto giuridico deve essere da un dato momento regolamentato in un certo modo. Il codice contiene i

4 Per capire la straordinarietà della cosa è come se domani il parlamento decidesse di emanare per legge il Torrente, cioè far diventare un manuale diritto.

comandi e i concetti che servono ad interpretare quei comandi, quindi è diritto.

Per cui, data l'unicità del diritto, venne abrogato il mastodontico ordinamento giuridico anteriormente vigente ed ogni sua legge, e al suo posto vi fu solo il codice, il nuovo diritto dei francesi. Da quel momento ogni legge doveva e poteva essere interpretata solo alla luce del codice civile.

L'importanza del momento la si può cercare di comprendere che nessun legislatore aveva mai promulgato dei concetti, perché i concetti non ha senso che siano obbligatori, perché i concetti sono opera di scienza, valgono perché veri, sono vincolanti perché hanno dalla loro l'autorità della ragione e non perché emanati dall'autorità (cioè la ragione dell'autorità).

Il legislatore diventa l'unico protagonista della scena giuridica; lo Stato si pone come monopolizzatore della creazione del diritto.

Ora, competenza del legislatore è emanare le leggi; competenza del giurista è creare il diritto, cioè attribuire la bilateralità ai comandi del legislatore così che diventino norme giuridiche, cioè norme che si inseriscono nell'ordinamento giuridico.

Ma qualunque legislatore che si sia affacciato sulla scena della storia ha voluto ridicolizzare l'opera dei giuristi per affermare la propria prevalenza nella scena giuridica. Non è un caso che Giustiniano, autore di quel monumento che è il Corpus Iuris Civilis, alla fine della sua opera vietò che si potessero discutere i comandi che vi erano contenuti. Non è un caso che il legislatore del codice, nell'articolo 12 delle preleggi, afferma che l'unica interpretazione dei suoi comandi ammessa è quella letterale.

Qualunque legislatore è afflitto da mania di onnipotenza, crede la sua opera sia destinata a valere in eterno. Napoleone ha affermato che la sua più grande vittoria non l'ha mai conseguita sul campo di battaglia, ma è stata l'emanazione del suo codice: e aveva ragione perché le sue vittorie furono presto cancellate, il suo codice vige (seppur molto rimaneggiato) ancora oggi.

Napoleone pensava che dopo l'emanazione del codice non ci sarebbe più stato bisogno dell'opera del legislatore, ed entrò in crisi quando, appena sei mesi dopo l'emanazione del codice, il parlamento si rese conto che bisognava emanare delle leggi che lo modificassero.

Il codice rappresenta l'anno zero dell'ordinamento giuridico. Il giudice non deve più ricostruire l'evoluzione della legge dalle XII tavole in poi per potere dare un giudizio, ma può individuare un articolo del codice e sulla base di quell'articolo giudicare. E se per caso nel codice non vi fosse una norma che disciplini una fattispecie particolare, il giudice può ricorrere all'analogia, ma solo tra le norme contenute nel codice, non può cercare l'analogia con alcuna norma contenuta fuori dal codice (anche perché il codice è l'unica norma del neo costituito ordinamento giuridico, tutto l'ordinamento giuridico precedente è stato cancellato).

IL CODE NAPOLÈON

Visto nella sua struttura il Code Napoléon si compone di tre libri che seguono da vicino lo schema delle Istituzioni giustinianee, rinunciando ad una sistematica più ardita. Il primo libro quindi è dedicato alle persone, e contiene la disciplina delle capacità, dello stato civile, del domicilio e dell'assenza, nonché tutta la materia del diritto di famiglia. Il secondo libro è dedicato ai beni ed alla proprietà e contiene la disciplina dei diritti reali. Il terzo libro, infine, intitolato alle differenti maniere per acquisire la proprietà, contiene in verità il diritto delle obbligazioni e dei contratti, nonché quello delle garanzie e della responsabilità patrimoniale. Tutta la materia dei rimedi e delle azioni rimane estranea alla lettera del codice.

Le difficoltà tecniche che provenivano dalla materia delle obbligazioni e dei contratti furono brillantemente superate assumendo come guida le opere di Domat e di Pothier. Mancando questa guida sapienziale, come nel caso della responsabilità patrimoniale e del diritto delle garanzie, le scelte furono tanto infelici che si dovette poi procedere ad una riforma radicale. Ad uno sguardo generale il modello fornito dal Code Napoléon francese appare una equilibrata miscela di istanze provenienti da elaborazioni culturali diverse tra spunti romanistici e di diritto consuetudinario. A ciò si aggiunga che alcune norme chiave furono tratte dal pensiero dei fisiocrati[5], a sua volta influenzato dalla scuola del diritto naturale, come il diritto di chiudere i fondi e il principio dell'autonomia contrattuale. La redazione materiale del Code civil fu resa possibile sfruttando il forte desiderio personale di Napoleone di pervenire comunque al compimento dell'opera. Il modello codicistico francese si rivela come un modello delicatissimo a cagione del fatto che il segreto del suo funzionamento non è appariscente. In omaggio al principio di stretta legalità nei rapporti civili, i codificatori napoleonici hanno evitato di ricorrere in modo significativo a clausole generali come il principio di buona fede. L'idea di codice discendeva dalla necessità di fondare un ordine

[5] Fisiocrazia: dottrina economica affermatasi in Francia nel corso del XVIII secolo, che tendeva a sottolineare l'importanza dell'agricoltura e delle risorse naturali in genere, come unica fonte di ricchezza economica, in opposizione alle teorie che privilegiavano il commercio (mercantilismo).

nuovo in cui la legge divenisse sinonimo di diritto. Ciò richiedeva un codice semplice, chiaro e completo.

Il Code Civil francese è un ottimo codice ma non può dirsi privo di ambiguità e di lacune. In realtà il Code Napoléon è stato ambiguo e lacunoso sin dal primo giorno in cui è stato ufficialmente pubblicato. Per rendersene conto basta far riferimento agli istituti maggiori, ossia a quelli che, poi, sono stati detti i pilastri del codice: proprietà, contratto e responsabilità civile.

Circa la proprietà il Code civil contiene una formula che è diventata famosa. L'art. 544 C.c. dispone infatti che: "La proprietà è il diritto di godere e disporre delle cose nella maniera più assoluta, purché non se ne faccia un uso vietato dalle leggi". Questa formula è stata commentata e soppesata un numero infinito di volte, specie al fine di determinare quanto essa corrisponda ad una ideologia lasseferista. Tuttavia rimane demandato all'interprete decidere se il termine "chose" indichi solo un oggetto corporale oppure indichi qualunque oggetto di appartenenza o titolarità, ivi comprese le cose immateriali ossia altri diritti. Sul punto non si è mai fatta definitiva chiarezza, anche se nei tempi più moderni la seconda accezione pare nettamente prevalere. Certo è che un codice il quale lascia aperto un simile problema non può dirsi completo e privo di lacune.

In tema di contratto il Code civil contiene una sequenza di norme che compongono un insieme curioso. Si può osservare che non è semplice venire a capo del problema di individuare con una certa precisione la nozione di buoni costumi. Circa la responsabilità civile il Code si esprime mediante una formula anch'essa divenuta famosa. Prevede infatti l'art. 1382: "Qualunque fatto dell'uomo che arreca danno ad altri obbliga colui per la colpa del quale è avvenuto a risarcirlo". Eppure in nessuna parte del codice la nozione di colpa viene precisata.

Si potrebbero addurre altri esempi per sfatare la leggendaria chiarezza e completezza del Code civil. L'immagine di un codice chiaro e completo non è frutto di caratteristiche intrinseche al testo del codice, ma è una leggenda creata dai giuristi che in realtà mirarono a legittimare la loro opera.

Il lavoro dei commentatori del Code civil, designati mediante l'appellativo di Ecole de l'Exégèse contribuì ad eliminare le lacune del testo, a sciogliere le antinomie più evidenti, a precisare il significato delle disposizioni legali ed a dotare di un senso quasi univoco altre che ne mancavano del tutto; un esempio per tutti è la trattazione del codice in materia di azioni possessorie. Esegeti furono questi artigiani, ed il nome è rimasto. Era evidente non solo che il testo del codice chiaro e completo non era, sicchè i problemi interpretativi si ponevano eccome, ma anche che esso parlava il linguaggio della scienza del diritto e perciò per comprenderne il significato non vi era altra alternativa all'infuori di quella di affidarsi agli studiosi. Il testo del Code civil è stato ampiamente rimaneggiato. La parte relativa al diritto di famiglia appare largamente novellata, parallelamente anche il regime delle successioni è stato modificato. La novellazione del Code civil non è tuttavia l'espressione più rilevante dell'attivismo legislativo. Ciò che merita di essere segnalato è invece il fatto che tutta una serie di situazioni e di rapporti giuridici disciplinati inizialmente dal codice trovano la loro fonte in norme estranee al codice stesso. I francesi in particolare hanno un attaccamento emotivo al loro codice ed amano pensare che la loro condotta è ancora regolata dall'originario code Napoléon. L'uomo della strada, che ancora pensa di avere a portata di mano la legge regolatrice della sua condotta quando ha il codice civile in tasca, è tristemente ingannato.

Modello francese è tutto ciò che i non francesi hanno trovato in Francia ed hanno imitato. Naturalmente la imitazione di un modello non comporta mai il ricalco dell'intero sistema giuridico. L'imitazione è per sua natura selettiva. Della circolazione del Code civil esistono tre fasi. La prima, effimera, legata all'espansione militare dell'impero napoleonico, ha portato il Code civil in molti paesi compresa l'Italia. Chiusa prontamente questa fase con la caduta di Napoleone Bonaparte nel 1815, il Code civil ha potuto intraprendere la sua vera carriera fondandola sul prestigio. Una terza fase riguarda la ricezione del modello codicistico francese in molti paesi che hanno conosciuto la dominazione coloniale francese, i quali lo hanno adottato dopo il raggiungimento dell'indipendenza.

2. Il Modello Tedesco

Negli ultimi due secoli il modello tedesco ha influito in modo talvolta assai incisivo su altre esperienze giuridiche, tra cui anche quella italiana. Se si ha riguardo all'epoca contemporanea, due appaiono le aree fertili all'interno della tradizione giuridica di civil law: la Francia e la Germania.

A differenza del modello francese la cui formazione è fortemente connessa a quella dello Stato francese, il modello tedesco, non appare legato, se non in modo assai indiretto alla forma di Stato vigente in Germania. Nella metà dell'ottocento ancora molte zone della Germania conservavano lo jus commune non codificato, ma la creazione dell'Impero Germanico suscitò il bisogno di un codice tutto tedesco. Quando la proposta di dotare la Germania di un codice civile unitario venne seriamente avanzata, sia pure solo in sede accademica, il modello tipo era indubitabilmente il codice francese.

La commissione istituita per la sua redazione si basò sull'opera della cosiddetta Scuola Pandettistica, termine derivato da Pandette, che costruì il proprio sistema assumendo come materiale giuridico quello contenuto nel Corpus Juris. Ciò non solo per adesione ad una tradizione culturale, ma anche perché il materiale del Corpus Juris nella sua ricchezza e completezza costituiva la miglior palestra possibile per i loro esercizi sistematici. Quello che interessava ai pandettisti era il sistema in sé in quanto intelaiatura di concetti in grado di inquadrare qualsiasi regola di diritto. Interessava anche la possibilità di completare qualsiasi sistema di regole grazie alla capacità intrinseca al metodo concettuale di dischiudersi verso una giurisprudenza costruttiva, tesa a generare nuovi concetti e quindi nuove regole, da concetti precedentemente inseriti nel sistema. Il successo della Pandettistica si misura essenzialmente sul piano del metodo il quale costituì un paradigma cui attinsero tutti i giuristi tedeschi del secolo scorso. Il metodo sistematico basato sulla costruzione di concetti giuridici precisi dilagò in svariati settori del diritto.

La prima commissione incaricata di redigere il progetto del codice, insediata nel 1881, si componeva di 11 membri tra cui la maggioranza era composta da giudici e pratici di grande prestigio. I professori presenti erano solo tre, tra i quali Windscheid. Quando il primo progetto venne presentato nel 1887, corredato da 5 volumi di "Motive", ci si accorse come esso fosse la traduzione in termini legislativi di un manuale di Pandette. La mente di tutti corse spontaneamente alle Pandette di Windscheid, ossia al manuale più celebre.

Il progetto del Burgerliches Gesetzbuch (BGB), venne approvato nel 1896, ed il codice entrò in vigore il 1° gennaio 1900. Inevitabili i confronti con il Code civil.

Il BGB differisce considerevolmente per stile e ordine interno dal Code Civil.

È espresso in un linguaggio molto più tecnico ed è destinato non all'uomo della strada ma al giurista di professione.

Il lettore è guidato per gradi dal generale al particolare.

Lo svantaggio è che per trovare le norme del BGB relative ad un particolare tipo di affare, si deve cercare talvolta in diverse parti in ordine discendente di astrazione.

Molti hanno sottolineato non solo il dato estrinseco per cui il Code Napoléon si pone come il codice che apre il XIX secolo e il BGB come il codice che lo chiude, ma si è voluto sottolineare che il Code civil si caratterizza come codice rivoluzionario, mentre il BGB come un codice conservatore, quasi una consolidazione del pensiero giuridico tedesco dell'epoca.

Riprendendo un mito, è parso quindi che il Code civil parli il linguaggio comune, quello della gente, mentre il BGB parla il linguaggio dei professori, irto di terminologia aspramente tecnica. Il linguaggio del BGB è arido ed inelegante, ciò è vero, ma è preciso e non cade mai in sciatterie.

I termini tecnici sono sempre usati rigorosamente con il medesimo significato; le anfibologie sono assolutamente evitate.

Quanto alla sua struttura il BGB può a buon diritto considerarsi il frutto della Pandettistica.

Struttura Del BGB

Il BGB si presenta suddiviso in cinque libri, di cui il primo, costituente la parte generale racchiude il patrimonio ereditato dalla dottrina tedesca ottocentesca. In essa si ritrovano quelle disposizioni che, essendo comuni a tutti gli altri quattro libri del codice, i redattori del codice avevano voluto esporre una volta per tutte in un'unica sede, nello sforzo di raggiungere nel codice un sistema perfetto, privo quindi di lacune, ma anche di ripetizioni. Trovano quindi posto nella libro generale oltre alla nozione di persona fisica e giuridica, il concetto di bene, nonché la nozione di negozio giuridico. Il secondo libro concerne i rapporti obbligatori, e tale collocazione è da sottolineare: infatti la priorità data alla disciplina delle obbligazioni, in luogo di quella assegnata ai diritti reali come nel Code civil, non è solo un omaggio alla tradizione romanistica ed alle elaborazioni pandettistiche, ma implica anche la consapevolezza che in una società industriale i rapporti di collaborazione hanno una rilevanza preminente rispetto alle situazione di appartenenza che vi si ritrovano oltre alla disciplina dei singoli contratti, le norme concernenti l'illecito civile, che riprendono il sistema della tipizzazione degli illeciti, non essendo presente come nel codice francese od in quello italiano la formulazione del principio del neminem laedere.

Il terzo libro è dedicato al diritto sui beni e contiene la disciplina della proprietà e degli altri diritti reali, ivi compresi il pegno e l'ipoteca, che nel nostro codice si ritrovano nel libro sulla tutela dei diritti. Il quarto libro riguarda il diritto di famiglia e contiene tra l'altro la disciplina del divorzio e dei regimi patrimoniali tra coniugi. Infine, il quinto libro riguarda il diritto delle successioni.

Ad uno sguardo generale il BGB sembra racchiudere tutto e solo il diritto dei giuristi, tutto ciò quindi che era stato elaborato e sistematizzato nel corso della ricerca scolare di due generazioni di studiosi. La caratterizzazione del modello tedesco come diritto dei professori nasce da questa consapevolezza. Il BGB accogliendo le soluzioni proposte dalla maggioranza della dottrina giuridica nazionale le ha, per così dire, consacrate e radicate nella tradizione giuridica tedesca. Così: nel BGB, la categoria del negozio giuridico trova un posto di rilievo, come pure la categoria dell'ingiustificato arricchimento. Il contratto ha solo effetti obbligatori ed il trasferimento di proprietà è affidato al successivo negozio reale astratto nel caso di mobili, ed alla registrazione nel caso di immobili. Il possesso non richiede l'animus domini, la responsabilità civile è fondata sull'elemento dell'ingiustizia del danno collegato alla lesione di alcuni diritti tipici della vittima. I patti successori sono ammessi. In tutti i casi menzionati, il Code civil aveva fatto le scelte opposte.

Come tutti i codici dotati di una certa anzianità molte sue disposizioni sono state novellate, altre sono state aggiunte, alcune soppresse. Tuttavia le sue strutture sono rimaste invariate, ancorché in sede di interpretazione si assista ad alcune oscillazioni. Nei tempi più recenti l'attenzione della giurisprudenza e degli interpreti è tornata a focalizzarsi sulla parte generale.

La capacità di attrazione del BGB si è affidata al fatto di presentarsi come l'ultima e più moderna espressione della tradizione romanistica. Pur essendo assai più compatto del modello francese il modello tedesco è andato anch'esso soggetto ad una vasta serie di distorsioni ed adattamenti in fase di ricezione.

3. RICEZIONE DEI MODELLI FRANCESI E TEDESCHI IN ITALIA E LA RICODIFICAZIONE DEL 1942

A partire dalla conquista napoleonica dell'Italia nel 1796 (pace di Campoformio) i modelli giuridici francesi si impongono in varie regioni d'Italia come modelli rivoluzionari grazie ai quali le nuove autorità politiche riorganizzano le strutture istituzionali dei territori italiani soggetti alla Francia. Simbolo e suggello di tale ricezione imposta dalla forza delle armi napoleoniche è la ricezione dei codici predisposti in Francia. Nel Regno d'Italia fu introdotto, in traduzione italiana, il codice civile francese dal 5 giugno 1805. Il modello francese è stato recepito in Italia tra il 1796 ed il 1865 soprattutto come modello legislativo. Sono state cioè le leggi ed i codici emanati in Italia, prima dagli Stati preunitari e poi dal Regno d'Italia a ricalcare le leggi ed i codici francesi. Sulla scia della ricezione legislativa è intervenuta una ricezione dottrinale ben spiegabile con il fatto che i giuristi essendo coscienti di quanto il loro diritto positivo fosse una copia di quello francese si adattavano volentieri a considerare come autorità i commenti e le analisi della dottrina francese. Se si osserva questo aspetto del modello francese si deve dire che la sua ricezione in Italia fu invero completa. I giuristi italiani del secolo scorso non si limitarono a compulsare i propri codici, basati sui codici francesi, ma si rivolsero anche alla dottrina francese della Scuola dell'Esegesi. Molto meno influente fu la giurisprudenza francese.

Sostanzialmente si può dire che il formante giurisprudenziale francese nonostante abbia svolto un ruolo essenziale nel modello originale non circola in Italia. Esso viene tenuto presente come una sorta di voce dottrinale minore da parte della dottrina italiana, ma non da parte della giurisprudenza. Per conseguenza, la giurisprudenza italiana è rimasta pressoché immune dalle influenze dell'omologo formante francese. A parte una molto superficiale imitazione stilistica rintracciabile nell'uso delle parole iniziali "Atteso che", palese traduzione di "Attendu que", i giudici italiani hanno sempre fatto ricorso a pagine intere per motivare la propria decisione. In Italia non si è mai creduto che il giudice debba decidere e basta.

In Italia il formante giurisprudenziale francese non è circolato anche quando sia il formante legale che quello dottrinale erano in massima auge. Il modello dottrinale francese prevedeva una letteratura dialogante con la casistica giurisprudenziale. L'esegesi all'italiana fu quindi una scuola di interpreti poco rifornita di problemi e di soluzioni pratiche provenienti dalla casistica giurisprudenziale e, per conseguenza, più marcatamente appiattita sulla lettera della legge. A tal proposito è anche da osservarsi come il Codice civile italiano del 1865, fu sì un codice largamente tributario del modello offerto dal Code civil, ma essendo giunto cronologicamente più tardi i suoi redattori tennero presenti tutte le innovazioni introdotte nel frattempo dalla giurisprudenza e dalla dottrina francesi. Di conseguenza in Italia si è avvertita in modo meno chiaro la necessità di progredire oltre la lettera del codice, e la dottrina e la giurisprudenza italiane hanno avvertito in minor misura la necessità di emanciparsi dalle parole del legislatore, né hanno appreso l'arte di procedere a quelle sottili e ben velate forme di correzione ed integrazione del suo testo in atto dalla dottrina e dalla giurisprudenza francesi.

In realtà il modello francese è stato un modello difficile. Al confronto del modello francese il modello tedesco appariva più semplice, trattandosi di un modello in cui tutto ciò che era possibile verbalizzare veniva espresso nei termini più precisi possibili. In realtà la prima ragione del rapido successo acquisito dai modelli tedeschi in Italia è da indicarsi nel fatto che essi, in quanto modelli scientifici tratti dalla storia promettevano una maggiore emancipazione dalle parole del codice, ed insieme promettevano in quanto modelli sistematici di avere in sé gli strumenti necessari per colmare le lacune del diritto senza dover attendere interventi normativi. Tuttavia i motivi di attrazione furono più d'uno. Da un lato vi fu la propensione dei romanisti, una disciplina rimasta sempre in auge nelle Università italiane anche dopo la ricezione dei codici, ad attribuire alla loro disciplina un ruolo di guida nel rinnovamento del diritto patrio. Tutti coloro che per primi fecero da tramite per recepire in Italia i modelli pandettisti, tradurre le loro opere, esaltarne il rigore scientifico e promettere propagandisticamente il grande aiuto che poteva venirne alla comprensione del diritto, furono tutti professori di diritto romano. In realtà la ricezione dei modelli pandettisti in Italia non ha condotto ad una dominazione totale. L'unico settore effettivamente conquistato ai modelli tedeschi rimase quindi l'università, ove essi si diffusero a macchia d'olio. Nonostante l'indubbio prestigio del BGB le varie commissioni incaricate della redazione del nuovo codice civile italiano furono unanimi nel rifiutare di seguirlo nei suoi aspetti più caratterizzanti, ossia nella adozione di un linguaggio e di categorie tecnicamente rigorose nonché nella predisposizione di una parte generale. In effetti non si potrebbero attribuire al codice italiano del 1942 quei caratteri di impeccabilità di linguaggio sostanziantesi nella eliminazione di tutte le anfibologie e nell'uso coerente dei medesimi termini con significati costanti, né l'immacolato rigore logico delle categorie ordinanti di cui il BGB rimane intessuto.

Valutato sull'arco dell'intero codice il linguaggio del legislatore del 1942 è oscillante e la sua sistematica è lungi dall'essere rigorosamente coerente. Ricezioni di soluzioni tratte del BGB si rintracciano nella disciplina delle persone giuridiche e, qua e là, in tema di disciplina della proprietà, ma intere parti del nuovo codice come il diritto di famiglia e delle successioni riuscirono assai poco innovative rispetto al codice precedente. In realtà il codice civile italiano del 1942 rispecchiò l'insegnamento dottrinale solo nella parte relativa al diritto delle obbligazioni e dei contratti, ossia nella parte che la tradizione di civil law da sempre ha affidato al dominio della scientia juris. La risistemazione complessiva del diritto delle obbligazioni secondo uno schema unitario richiese ovviamente la rinuncia a redigere un separato Codice di commercio posto che il mantenimento di un codice separato ne avrebbe sacrificato l'unitarietà. Fu questo il più sicuro progresso ritratto dall'intero movimento di ricodificazione.

Il codice civile del 1942 ha la forma del Codice francese ed il contenuto del Codice tedesco, o meglio le sue soluzioni sono essenzialmente ispirate al modello francese, ma il vestito concettuale e sistematico è in larga misura influenzato dal sistema tedesco. Si può quindi sostenere che il Codice civile del 1942 è scritto in francese ma è pensato in tedesco. Si può facilmente osservare che se l'impianto tecnico-giuridico del codice del 1942 è di evidente derivazione francese nella sua "verbalizzazione", è pur vero che in molte pareti esso presuppone concetti "crittotipici" (come il "negozio giuridico") di evidente derivazione germanica.

Il Codice civile del 1865, costituito in realtà da una quasi totale traduzione del modello napoleonico, appariva peraltro già arretrato per i suoi tempi, perché mentre il Codice francese era stato pensato con riferimento alla società della seconda metà del 700, il codice italiano, sostanzialmente uguale, veniva varato per una società della seconda metà dell'800, con i diversi problemi sociali ed economici che la rivoluzione industriale già allora aveva evidenziato. Infatti il codice, fra l'altro, avversava il fenomeno associativo; presentava la famiglia sul modello gerarchico allargato, tipico di una società fondata sull'agricoltura e sull'artigianato; ignorava quasi del tutto il tema dell'impresa e dell'esercizio dell'attività economica; si basava sul regime statico dei beni materiali, ed essenzialmente della proprietà fondiaria, senza considerare né le nuove forme dinamiche di produzione della ricchezza, né il fenomeno del lavoro subordinato, che restava inserito nello schema generale della locazione, e dunque equiparato alla locazione di una cosa.

Il Codice del 1942 risulta, complessivamente, un codice più popolare di quello del 1865; esso è stato redatto con un linguaggio formalmente rigoroso e con soluzioni tecnico-giuridiche ragguardevoli, adeguate anche alle costruzioni dogmatiche sviluppate dalla dottrina tedesca, alla quale la dottrina italiana aveva prestato notevole attenzione, dopo aver subito per decenni l'influenza della Scuola dell'esegesi francese.

STRUTTURA DEL CODICE ITALIANO

Cominciamo lo studio del codice civile. Per prima cosa dobbiamo intendere o spiegare meglio com'è suddivisa la materia trattata nel codice civile, perché già la suddivisione del codice è frutto dell'opera scientifica. Tutto il codice civile ruota attorno alla definizione di rapporto giuridico, cioè la relazione tra soggetti regolata dal rapporto normativo; questa definizione contiene la chiave di volta per comprendere la distribuzione del codice civile.

Tutto il codice civile presuppone lo studio del rapporto giuridico.

Naturalmente trattando del rapporto giuridico (relazione tra soggetti) la prima cosa da chiarire è il significato di soggetti, ossia bisogna individuare i protagonisti del rapporto giuridico, ed appunto il I libro del codice civile è intitolato alle persone ed in particolare allo studio della nascita della vita della persona.

Il II libro è dedicato pure alla persona e in particolare a quell'evento sicuro della vita che è la morte, infatti è intitolato alle successioni.

Il III e il IV libro studiano le due grandi categorie di rapporti giuridici: il rapporto giuridico di I tipo basato sulla esclusione per cui un soggetto può escludere altri soggetti da un determinato territorio, da un determinato spazio del mondo esterno; e i rapporti giuridici di II tipo basati sulla collaborazione dei soggetti.

Il rapporto giuridico di I tipo assume il nome tecnico di diritto reale che deriva dal termine latino Res (cosa); i Romani usarono questa strana espressione perché nel rapporto giuridico di I tipo, basato sull'esclusione, e come se si instaurasse una relazione diretta tra il soggetto e la cosa, come se il rapporto giuridico anziché instaurarsi tra soggetti si instaurasse direttamente tra un soggetto e una cosa. Il prototipo dei diritti reali è il diritto di proprietà e per l'appunto il III libro del codice civile è intitolato alla proprietà.

Per quanto riguarda i rapporti giuridici basati sulla collaborazione assumono tecnicamente il nome di obbligazioni. Il rapporto giuridico di II tipo vede due soggetti determinati, un soggetto assume l'obbligo di comportarsi in un determinato modo (il debitore) e l'altro soggetto del rapporto che può pretendere quel determinato comportamento del debitore assume tecnicamente il nome di creditore.

Il libro IV del codice civile è appunto intitolato alle obbligazioni.

Il V libro del codice civile risponde a delle esigenze che hanno delle motivazioni storiche piuttosto che motivazioni logiche; nel periodo che può definirsi dei comuni (XI, XII, XIII secolo d.C.) iniziava a profilarsi nell'ordinamento giuridico un'attività economica esercitata professionalmente. I comuni erano divisi soprattutto dal punto di vista giuridico in arti e corporazioni, ossia i soggetti che esercitavano un'attività economica, cioè non diretta al proprio consumo ma diretta alla soddisfazione dei bisogni degli altri consociati, cominciarono a scrivere per se norme particolari distinte da quelle che valgono per i comuni mortali[6]: cominciava a delinearsi

---

[6] Per fare un esempio, nel diritto civile era stabilito che il debitore rispondesse con tutto il proprio patrimonio dei debiti contratti, cosicché il creditore insoddisfatto poteva aggredire il patrimonio del proprio debitore; quando cominciarono le attività economiche propriamente dette i commercianti vollero per sé stessi limitare la responsabilità del

il distacco di quello che verrà chiamato il diritto commerciale dal diritto privato propriamente detto. Prima nel diritto romano i due settori non erano distinti, il diritto dei commercianti era regolato dal diritto civile. Successivamente con lo sviluppo dei traffici marittimi avvenuto con le repubbliche marinare, poi delle grandi compagnie olandesi e inglesi, i privilegi che i commercianti si erano riservati assunsero una pluralità di significati tant'è che il diritto degli affari o commerciale si staccò dalla pianta madre che era il diritto privato: Tanto è vero che quando Napoleone preparò il codice civile del 1804 venivano tenuti fuori tutti i privilegi che nel corso dei secoli i commercianti avevano riservato per se. Infatti vent'anni dopo la creazione del Code Civil si creò un codice di commercio che rispondeva a delle esigenze diverse da quelle espresse nel codice civile, e riguardante solamente i commercianti. In Italia esisteva pure questo dualismo, c'erano un codice civile e un codice di commercio. Il primo codice dell'Italia unificata fu una traduzione pressoché letterale del codice civile del 1804 ed è il codice civile del

---

proprio patrimonio; quindi nacque la norma dell'autonomia patrimoniale del cosiddetto capitale di rischio dal capitale personale.

1865; accanto a questo fu fatto nel 1882, un codice di commercio. All'inizio della seconda guerra mondiale i giuristi italiani proposero di ritornare alle origini, ossia di fare rientrare il diritto commerciale nell'alveo del diritto civile[7].

Quindi tutto quello che prima dell'esperienza del codice attuale era regolamentato dal codice di commercio, lo troviamo adesso nel libro V del Codice Civile che fu intitolato "del Lavoro" in ossequio alla ideologia fascista.

---

7 Si pose il problema se bisognava civilizzare il diritto commerciale, e cioè abolire i privilegi di cui avevano goduto sino allora i commercianti, o se commercializzare il diritto civile, cioè generalizzare per tutti i consociati i privilegi dei commercianti; questo problema non è stato ancora risolto.

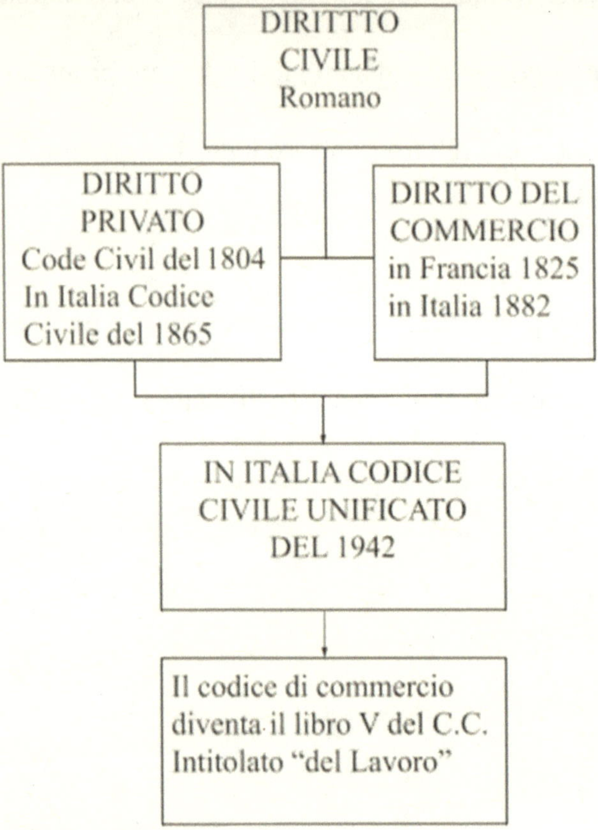

L'ultimo libro del codice civile, il libro VI, può essere definito un miscuglio perché vi si trovano inseriti una serie di istituti, di norme che non si è riuscito ad inserire negli altri libri del codice civile (quindi questo libro non ha una sua logica intrinseca), ed è intitolato alla "tutela dei diritti".

Vediamo ora come era diviso il codice civile del 1865.

Il codice civile del 1865 presentava le stesse strutture del codice civile del 1804, ed era suddiviso in tre libri:

- Il primo libro dedicato alle persone, appunto perché il codice del 1865 disciplina il rapporto giuridico (corrisponde perfettamente al I libro dell'attuale codice civile).
- Il secondo libro del codice civile è intitolato alla proprietà, il più importante dei rapporti giuridici.
- Il terzo libro del codice civile era dedicato ai modi di acquisto della proprietà, quindi si studiano i contratti, le obbligazioni, le successioni.

È interessante notare alcune differenze tra i due codici del 1865 e del 1942:

Codice del 1865

Quello del 1865 pone al suo centro il diritto di proprietà tant'è vero che veniva chiamato "lo statuto della Proprietà".

Nel linguaggio ottocentesco il termine statuto è sinonimo di monarchia costituzionale ed equivale al nostro termine costituzione.

Quindi il codice civile del 1804 e del 1865 assumono il ruolo che oggi attribuiamo alla costituzione ed era per il nostro Paese, e lo è tuttora per la Francia, una costituzione fondata sul diritto di proprietà.

Però se a questa constatazione aggiungiamo che fino al 1942 il diritto pubblico, ossia il diritto di partecipare alle elezioni era riservato per censo a determinati soggetti, e cioè ai proprietari in quanto tali, scopriamo l'enorme importanza del diritto di proprietà nella storia recente (le prime elezioni a suffragio universale in Italia si sono svolte solo dopo la II guerra mondiale): il cittadino aveva diritti solo nella misura in cui era proprietario.

In questi codici si ha un ritorno al concetto romano di proprietà, abbandonando il concetto di proprietà che era prevalso nel periodo feudale, al fine di togliere il potere alla classe nobile e attribuire il potere alla classe emergente della borghesia.

Il codice civile del 1804 era dedicato per due libri su tre al diritto di proprietà.

Se vogliamo usare una figura geometrica per descrivere il codice del 1804 noi possiamo sicuramente pensare al cerchio il cui centro è rappresentato dal diritto di proprietà.

CODICE DEL 1942

Il diritto di proprietà ha perso nel nostro codice attuale la sua centralità, ma è semplicemente il titolo di uno dei libri del codice civile.

Se vogliamo rappresentare il codice attuale non possiamo più parlare di cerchio, in quanto i sei non sono divisibili, non c'è un libro centrale, ma dobbiamo utilizzare l'ellisse con due centri, due fuochi, uno rappresentato dal diritto di proprietà (il cui soggetto è il proprietario) e l'altro rappresentato dal diritto degli affari, con la sua nuova figura che è l'imprenditore.

POSSO DOMANDARTI UN FAVORE?

Se questo libro ti è piaciuto e lo hai trovato utile, sarei molto contento se tu potessi postare un commento o una breve recensione.

Leggo personalmente tutte le recensioni, in modo da poter scrivere quello che veramente i lettori vogliono e che stanno cercando.

Grazie per il tuo supporto!

Note Legali

L'autore non si assume alcuna responsabilità circa l'accuratezza e la completezza dei contenuti pubblicati, fatto salvo quanto diversamente previsto dalla legge.

Queste Note Legali sono regolate dalla legge italiana.

***